中华中医昆仑

时逸人学术评传

张镜源◎主编

中国盲文出版社

图书在版编目（CIP）数据

时逸人学术评传（大字版）/ 张镜源主编. —北京：中国盲文出版社，2015.12
（中华中医昆仑）
ISBN 978-7-5002-6773-7

Ⅰ. ①时… Ⅱ. ①张… Ⅲ. ①时逸人（1896～1966）—评传 Ⅳ. ①K826.2

中国版本图书馆 CIP 数据核字（2015）第 303100 号

时逸人学术评传

主　　编：张镜源
责任编辑：张冬芝
出版发行：中国盲文出版社
社　　址：北京市西城区太平街甲 6 号
邮政编码：100050
印　　刷：北京华联印刷有限公司
经　　销：新华书店
开　　本：700×1000　1/16
字　　数：42 千字
印　　张：6.75
版　　次：2015 年 12 月第 1 版　2015 年 12 月第 1 次印刷
书　　号：ISBN 978-7-5002-6773-7/K · 387
定　　价：12.00 元
销售服务热线：（010）83190297　83190289　83190292

前　言

中医药是中华民族的伟大创造，是世界医学宝库中的夺目瑰宝，数千年来为中华民族的繁衍昌盛作出了巨大的不可磨灭的贡献，至今仍是中国医药卫生事业不可分割的重要组成部分，在维护民族体魄康健、促进经济社会发展中发挥着不可替代的作用。

中医药学，是中华传统文化和科技文明的结晶，是勤劳聪慧的中华儿女在几千年生产生活实践中，在与疾病作斗争的过程中，创造的独具特色的医学科学体系。它有着浓郁的民族特色、深厚的文化底蕴和丰富的哲学内涵。经过一代又一代中医药传人、一辈又一辈名医大家的实践探索、薪火传承、总结完善、创新发展，逐步形成了系统的理论体系、独特的诊疗方法、丰富的医学内容、实用的制药技术。具有疗效确切、用药安全、应诊灵活、普适简廉和预防保健作用显著的巨大优势，在世界医学之林独树一帜，为人类的文明进步与医疗保健事业，已经并正在作出积极的贡献。

为了弘扬中华民族传统文化，彰显中医药学家的丰功伟绩，当代中医药发展研究中心与中国文学艺术界联合会、国家中医药管理局新闻办公室、中华中医药学会、中国中医科学院、北京中医药大学、世界中医药学会联合会等精诚合作，在国家中医药管理局的支持和指导下，为中华近现代百年来贡献卓著、深受敬仰的150位中医药学家，编撰出版了这部大型传记丛书。丛书采用评传体裁，记载他们的生平事迹、医术专长、学术思想、传承教育、医风医德、养生之道和突出贡献，使这些宝贵的医学成就和精神财富发扬光大，千古流芳。

从书取名《中华中医昆仑》。昆仑山，被尊为“万山之祖”，柱西北而瞰东南，立中国而凭世界，凌驾乾坤，巍然屹立。以其高峻豪迈、绵延起伏的磅礴气势，寓意中华中医药学历史悠久、博大精深和永不衰竭；以其挺拔雄伟、高耸入云的恢弘气魄，彪炳一代中医药学家的丰功伟绩、杰出贡献和不朽勋业。

从书入选传主，从全国范围推荐遴选，遍及中医药界各个领域。有临床家、理论家、药学家、教育家、医史文献学家；有名师亲授、世医家教、学派传人、院校毕业和自学成才者；有师徒并驾、父子齐名和伉俪联袂者。他们学术造诣深厚、诊疗技术精湛、临床经验丰富、学科地位崇高、科研成果丰硕、医风医德高尚、国内外影响较大，从医学理论到临床实践，为中医药事业的传承和发展作出了突出贡献，是近现代百年来中华中医药界的杰出代表。

丛书的出版，对于弘扬中华文化，振兴中医药事业，造就中医药人才，普及中医药知识，具有重要的现实意义和深远的历史意义。这是一项开创性工作，填补了我国为著名中医药学家大规模撰写传记的空白；也是一项抢救性工作，因入选传主已仙逝过半，许多亲历、亲见、亲闻的史料日见散逸，将之收集整理、编撰成书，功垂后世、利国利民；更是一项承前启后的工作，总结传主经验，传承中医药伟业，继往开来，光耀世界医学之林。这部医文结合，富蕴历史性、学术性、文学性和实用性的鸿篇巨制，对医疗、卫生、科研、教育及全球关注中华中医药文化的各界人士，都有重要的参考和阅读价值。

丛书的编撰出版，是一项巨大的中医药文

化建设工程，在策划、撰写、编辑、出版过程中，自始至终得到了国家有关领导、政府部门及社会各界人士的关心和支持。国家中医药管理局高度重视，并组织专家对全书进行终审；数百名专家、学者亲临指导，参与规划；有关省、市、自治区卫生厅、局、中医局（处）给予大力帮助；传主及其亲属、弟子热情支持、密切配合；撰稿人深情满怀、辛勤笔耕；编审专家尽心竭力、精工细琢；关爱中医药事业的企业家热心公益、慷慨资助；全体工作人员不辞辛劳、无私奉献，这一切使丛书得以顺利出版。对此，我们深表谢意。

由于时间紧迫和资料搜集困难，加之水平有限，难免有疏误之处，敬请广大读者批评指正。

中华中医药学，历史悠久，源远流长，发端于远古，奔向于未来。百年对于历史，不过是短暂的瞬间；百人对于万众，不过是沧海一粟。然本丛书所记载的百年百人，则无疑是波澜壮阔的中医药发展史上辉煌的篇章和光芒闪烁的璀璨星辰。

张镜源

目录

一代宗师　育人为本　/ 05
融贯中西走创新之路　/ 16
伤寒温病一炉熔　/ 30
注重临床　疗效第一　/ 43
三心仁术　德高医精　/ 61
子承父业　志者事成　/ 65
二代名医　学贯中西　/ 69
创中医肾脏病学　/ 73
千古疑案话厥阴　/ 85

余主张医者应恒医其名，而扁鹊其实，有着手回春之实效，无矜张夸大之虚名。

——时逸人

时逸人（1896—1966），字益人，祖籍江苏无锡，1896年出生于江苏仪征。1966年卒于南京。著名中医教育家、理论家、临床家、改革家，为“江南名医”之一。

在中医药学发展的历史长河中，尤其在中医教育和中西医融会创新发展的历史上，时逸人是一位功勋卓著、彪炳史册的中医学家，是中医药院校教育的发起人和创始者之一。早在民国初期，年富力强而又胸怀大志的时逸人就联络诸多中医志士，面对当时国民政府取消中医的高压政策，奋力抗争，四处奔走呼吁，并编写教材，著书立说，还主办《复兴中医》等多种中医杂志，教育英才。春风所被，桃李满布大江南北，远及海外，使濒于危亡的中医药学在严酷的环境中得以生存和壮大，在中医药学的发展历史上留下了浓重的一笔。

时逸人认真整理中医经验并发挥其特长，化古今门户争执之焦点，为研究医学者指明正确之途径，主张古为今用，洋为中用，汇通中西医学理论，融会古方今方，切合实用于临床。他精于医理，博览群书，融贯古今，实开新医学派之先河。

时逸人最突出的贡献是在 20 世纪 30 年代汇集温病诸家之长，结合伤寒学说，创立了“时令病学”，熔伤寒温病于一炉，消除伤寒与温病学派门户之见，进而也消弭经方派与时方派之分。

时逸人从事中医工作 60 余年，医术精湛，经验丰富，同时热心中医教育，为后世培养了大批中医人才，留下了丰厚的中医药学遗产，是近百年来我国医坛上杰出的医学理论家和实践家。

一代宗师　育人为本

时逸人原籍江苏无锡，其祖上在太平天国时迁到仪征，居住60余年，民国初迁居镇江。时逸人自幼天资聪颖，读书过目能诵，且悟性甚佳，11岁读四书五经，打下良好的国学基础。他的父亲时宝鼐，字调梅，是前清秀才，平时喜读医书，同一些杏林朋辈交往，久之也研究医理，常为人诊病，好用成方，但仅作为一种业余爱好，故未能成名。时逸人受家庭熏陶，耳濡目染，渐渐地对中医药产生了极其浓厚的兴趣。邻家的孩子玩耍，他却自学古典医籍，将家藏医书一一习诵，刻苦钻研，敏于独立思考。稍长，已熟读《黄帝内经》、《伤寒论》、《神农本草经》等经典医著，常随父亲为病人诊病，医理医术得以不断提高。1912 年，时逸人 16 岁时，父亲见他对岐黄之术情有独钟，就让他拜当地名医汪允恭为师。时逸人朝暮跟随汪老先生学医数年，尽得其术，理论水平和临床技能日渐提高。1916 年时逸人 20 岁，时值列强横行，军阀混战，民不聊生，其家乡一带瘟疫流行。为解除民众疾苦，他遂出师就业，悬壶济世，在仪征十二圩、镇江等地独立挂牌行医。尽管是牛刀初试，但疗效颇佳，许多顽疾、急症、重症，皆随手奏效。他临证内、外、妇、儿各科，尤精于温病疫症的辨证治疗，求治者接踵而至，医名渐噪。

随着医疗实践不断深入，又目睹当时西学东渐，国民政府卫生当局奉行推崇西医、排斥中医的政策，时逸人忧心忡忡，夜不能寐，遂立志教育后学，发扬中医。1919 年，23 岁的时逸人只身来到上海，和同道挚友创办了江左国医传习所，同时兼任上海中医专门学校及上海中国医学院教授，专授古今疫症及温病的诊治，还担任《上海卫生报》编辑。他以发扬古义、融会新知为宗旨，开始了教书育人、传承中医、创新立说的漫漫生涯。

他在上海一干就是10年，在诊余从事中医教育，撰写医学论文，在当时的《绍兴医药卫生报》、《余姚卫生公报》、《杭州三三医报》、《南京医药卫生报》等医刊发表，培养并造就出了许多中医高级人才。1929年，时逸人为了进一步普及弘扬中医，应聘赴山西太原中医改进研究所工作，任该所常务理事及川至医学专科学校教授、山西国医馆馆长、太原市医师检定委员会会长、卫生署中医委员会常委，主编《山西医学杂志》，又干了近10年，被公认为名医。

发起和参与成立中央国医馆成为时逸人职业生涯中的一个璀璨的亮点。1930年初，时逸人提议仿照一年多前南京成立中央国术馆（馆长为原西北军将领张之江）之例，在当时国民政府的首都南京成立中央国医馆。他与当时正在太原挂牌行医的北平名医施今墨磋商，施极表赞同，表示事不宜迟。时逸人当即去南京与张简斋、张栋梁等同行商量。很快大家取得了一致意见，后经张简斋和施今墨分别向陈立夫、焦易堂和当时的国民政府主席谭延闿提出在南京开设中央国医馆。获批准后于次年8月成立，馆址设在今鸡鸣寺下三皇庙（又称三皇阁）边，并召开第一届中央国医馆代表大会，推选焦易堂任馆长。张简斋与谢利恒、时逸人、施今墨、陈训斋、张栋梁等17位名医任首届常务理事。

1937年，抗日战争爆发后，时逸人曾举家辗转武汉、重庆、昆明等地行医，后返回上海，在租界又与名医施今墨、张赞臣、俞慎初等创办复兴中医专科学校，并兼任上海中医专科学校、上海中国医学院及上海新中国医学院教授、教务长，还主办《复兴中医》杂志。在这一段时间他以从事中医教育为主，兼理诊务。日军占领租界，学校与刊物被迫停办，他仍在南京、太原等地开业行医，专注临床，治人无数。抗日战争胜利后，时逸人任南京中央国医馆主任秘书，后为代理馆长，创办首都中医院及附设中国医学专修科，并亲自在江苏中医学校高级师资培训班任教，培养学生理论密切联系临床实践的理念和技能。

1949 年，中华人民共和国成立后，时逸人继续在中国医学专修科任教，而后中国医学专修科并入南京市中医进修学校，后又改名为江苏省中医学校（现南京中医药大学）。时逸人一直在该校任教师，并兼任江苏省中医提高进修班教师。受校方重托，他前后举办了数期中医高级师资班，许多学员日后成为国内著名的中医学家。

1954 年，时逸人已届花甲之年，犹念念不忘振兴中医之宿志，与当时的诸多同道联名向卫生部提出“为迎接祖国社会主义文化建设，必须加强中医工作”的建议。卫生部复文，对时逸人等人的建议给予充分的肯定并采纳。1955 年，卫生部直属中医研究院（现中国中医科学院）在北京成立。时逸人被调至北京担任中医研究院附属西苑医院内科主任，后又调至中医研究院学术秘书处工作。1961 年，他积极响应党和政府的号召，支持边疆建设，主动到宁夏回族自治区银川第一人民医院任中医科主任，并被选为宁夏医药卫生协会副会长，继续他的中医教育、临床诊疗和研究事业。1965 年因病回京休养，1966 年 6 月在南京病故，终年 70 岁。

时逸人乐于笔耕，长于编撰，是我国著名中医理论家，一生勤奋读书，潜心研究和著述，且自立门派，是当代著述最多的中医之一，其理论使后学受益匪浅。主要著作有《中国时令病学》（1930 年出版）、《中国急性传染病学》、《中国妇科病学》（1931 年出版）、《温病全书》

（1933年出版）、《时氏内经学》、《时氏麻痘学》（1941年出版）、《中国内科病学》、《中国儿科学》（1951年出版）、《时氏处方学》、《时氏诊断学》、《中国传染病学》（1952年出版）、《中国药物学》、《时氏生理学》、《时氏病理学》（1953年出版）、《中医伤寒与温病》（1956年出版）、《实用中医内科诊治手册》（1963年出版），总计16部，皇皇数百万字，1956年结集成《时氏医书丛刊》出版。所有著作都是密切结合数十年临床实践，具有突出的实用价值；简章眉目清晰，各科大概已备，文字通俗，行销很远。原书由上海千顷堂书局出版，1949年前即多次印刷，行销全国，港、台两地书商亦曾大量翻印过，流传于港、澳、台地区及东南亚各国，为继承发扬中医药学遗产做出了重要贡献。

时逸人的学生门人——香港前中国针灸协会会长谢永光先生满怀深情地回忆：时老师编写的教材，在当时条件来说，有不少突破和创新，把科学的道理引进传统医学。他的《时氏医书丛刊》被很多中医学院采用为教材，对改良中医学产生一定的影响。时逸人对古代医籍的编写和传承有自己独特的见解，对今天研习中医者仍有一定的启发和指导作用。如1940年他在一篇文稿中写道:“昔时医书，其编辑方法，亦有相当之错误：一为环境风土所限制，其诊治病人，不出百里之外，以个人耳闻目见之所及，便以为天下事，无不如是。此种推测，实系错误。二因交通不便，书籍邮寄为难，参考之材料不多，自是及盲从之弊，在所难免。三是个人之知识有限，事理研究无穷，以个人知识包括全部经验，非但为事实所不许，亦且为事实上所不能。在医学上，有相当贡献者，不在大部类书，如《证治准绳》、《古今图书集成医部全录》等，此项类书，成之匪易，后学得益甚鲜，又以医学为文学，所误与此相等。昔苏东坡表彰圣子方，后人信其言文者，转信其言医，迨误用害人，始知医学与文学，有不同之点。研究医学，当以实质之考察，非但纠缠玄说之处，应当革除，即以医学为文学之观念，亦不应任其存在。”没有长期从事中医教育的经验，没有长期的中医临床实践，是不会获得这样的真知灼见的。

时逸人是我国著名的中医教育家。从青年时期起就开始创办中医学校，辗转于上海、南京、北京、山西、宁夏等地，做医生，当教师，编杂志，数十年如一日，致力于教书育人。他辛勤耕耘，诲人不倦，桃李满布大江南北，远及海外。经他直接授业传道的中医师，很多人名噪一方。

他的学生何定生就是其中的代表。何定生，山西祁县人，曾于1946年参加旧中央考试院特种高考中医师，名列前茅，医德医术追从时逸人，但不幸壮年辞世，甚为可惜。何定生在所写《时氏医案拾零》（未出版）中十分动情地说:“名医时逸人自沪返晋，各方抱疴人士，就诊日众。以先生回春妙术离晋已数年矣。适定生学医北平，闻先生此返，何其快慰，从此学用之调整，有日可待。每日临证见习，抄录方案，日久细验，治愈甚多，益羡师座之有验握也。而师座常云:‘学术当公有，不当私有，学术愈研而愈精。’定生不敢忘谕。”

何定生随时逸人诊治过一结核性腹膜炎病人。高某，男，23岁，在家人的搀扶下，曲背弯腰蹒跚跛行，容颜憔悴，痛苦万状。自诉腹痛作硬，食后胃脘胀下坠半年，逐渐身体瘦弱，夜间盗汗，喉干不利。已经在各医院确诊为结核性腹膜炎，诊治多次，服药无寸效。后又就诊数处中医，均以温燥行气的方药治疗，究无结果，病情越来越重，慕时老师大名来求治。时逸人认为，本病中医属营血耗损，气滞血瘀，需内外同治，处和营活血、祛瘀止痛之剂。方药：天花粉 15g，条沙参 30g，炒牛蒡子 6g，生白芍 15g，当归尾 15g，乌药 4.5g，延胡索 2g，茯苓 9g，泽泻 6g，桃仁 6g，川红花 3g，豆蔻 3g（后下），良姜 2g，大腹皮 9g，制香附 4.5g，浮小麦 9g，焦三仙各 12g。外治法：川厚朴 30g，茅术 30g，香附 15g，大黄 15g，蒲公英 15g，虻虫 12g，水蛭 9g，芒硝 9g，三棱 15g，莪术 15g，当归尾 15g，赤芍 9g，滑石 15g，陈皮 15g，红花 15g，高良姜 9g，上药研极细末，加醋炒热布包熨腹痛处。

真是药到病除！病人前后加减服药七八剂，就行动方便，生活自理，痛苦顿减，笑容满面。尤妙外用药协治其功甚大，嘱继续熨之。病人感激万分，连连称谢。何定生赞叹道："师座之治愈沉疴者，岂止数案而已哉!"

时逸人历来认为，学术和经验应该是公开的，不是私有的。他著书立说，总是深思熟虑，字字斟酌；他带教学生，从来谆谆诱导，百讲不厌，反映了他坦荡的胸怀和无私的境界。

融贯中西走创新之路

时逸人对古训守其意而变其法，在中医界有较高的威望，也是较早的中西医结合的倡导者。他在“勤求古训，博采众方”的同时，积极融会现代医学的理论，对“中西汇通”、“衷中参西”作了进一步的探索和尝试。

在20世纪30～50年代的中医界，时逸人的大名为人熟知。时逸人是现代中医学界的一员骁将，他与名医叶橘泉一样，对中医科学化做出了积极的贡献。那个年代的中医，大部分仍然抱残守缺，纠缠玄说，妨碍本身的进步。西方医学传入中国后，积极的中国人也极力兴办医院、医校，翻译西方和日本医学书籍。辛亥革命以后，此种情况更加普遍，日本汉医书籍在中国较为盛行，如《皇汉医学》、《汉医学真髓》和《汉方医学解说》等书都有译本。随着思想观念兴学术风气的转变，若干医家如唐容川的《中西汇通医经精义》、张锡纯的《医学衷中参西录》及丁福保编著和译述的《中西医方会通》、《中外医通》等，都有意致力寻求中医的改进；恽铁樵作《伤寒论辑义按》瞻于前，陆渊雷《伤寒论今释》、《金匮要略今释》继其后，都非常热心沟通中西医学。

作为中医，时逸人是在旧中国无端摧残中医的情况下成长起来的。由于当时西学东渐，国民政府卫生当局以“中医不科学”为借口，奉行歧视中医的政策，极尽排斥中医之能事，甚至“必欲取缔消灭中医”而后快。而在中医界中，也有不少固步自封、因循守旧者，不以振兴中医为己任，而是“各呈家技，始终顺旧”，这些都严重阻碍了中医学术和中医事业的发展。针对这些不利情况，许多中医界的有识之士都奋起抗争，求生存、求发展，时逸人也进行了艰苦卓绝的斗争。

时逸人尊重科学，维护国医，反对中医界中因循守旧、竞相守秘的思想，认为这是妨碍中医发展的原因之一。他在担任中央国医馆学术整理委员会及编审委员会专任委员时，曾大声疾呼整理中医学术，他认为："当时摧残中医者，动辄以不合科学之口吻，妄加毁诋中医，废止中医；而中医秘守者，不以医术为济民之事，反将医术据为私有，为传家之秘宝，以致中医学术日渐式微，似此因循坐误，与复兴中医之途径相去甚远矣。"并提出："中医是中国人民之中医，凡吾国人于国医精华，应努力研究，国产药物亟待努力阐发，此则关乎国计民生，诚非浅鲜，应改良国药，抵制外货，公开秘术，阐扬国学，尤须通力合作，并保复兴中医之途径，则前程之希望远大，不独民众受益，亦吾医界之光也。"

时逸人在山西中医改进研究会工作期间，大量收集民间验方，并组织专门机构，审查并剔除了其中许多荒诞不经或不科学的治疗方法，并审查出版验方多集，广为推行，以求中医理论与实践能够得到进一步发扬。

在整理中医学术的具体方法上，时逸人一向“以整理医学为主张，以汇通中西为壮志，以融贯古方今方、殚切合实用为唯一目的”，认为不仅要“勤求古训，博采众方”，还要“发皇古义，融会新知，有所创新，有所前进”。只有这样，才能继承和发扬中医药学遗产。

1941年3月份刊行的《复兴中医》杂志，有时逸人所写以《中西医学之改进》为题的文章，意旨极佳。文章指出：“盖学术犹一海之水也，非个人之腹所能尽其量，故当以公言，而不当以私言。中医学说，以医为主。医生以自夸渊博为能，上古以卦文支配一切，故医药理论，每多引用易象；中古好谈哲学，故医学理论富含哲学意味；近古文学，崇尚典丽，于是医药理论竟以文学相标榜，因其中文学之毒甚深，故以医学为文学之观念亦重。此中医学说在经过上愈改而愈形紊乱也。故对中医理论实有整理研究之必要……欲挽回其弊者，唯有融会中西医药之学术，而另造第三者之特殊医学，方足以应付时势之需要。”并呼吁同道：“唯兹整体重大，学派纷纭，非少数人之力所能胜任，望吾全体同志，通力合作，以完成之。”

时逸人的这番言论，实为当今中西医并重、中西医结合事业之先锋。在临床研究上，时逸人主张：“病名以西医所载为主，庶可得悉正确的病型，其原因、病理、诊断、治法等项则以中医为主，如是汇通研究，不但与临证之界限铲除，即中西医之门户亦可不必拘执矣。”他撰述的临床医著，均是采用此种体例，可使初学者在西医病名的明确诊断下，采用中医的辨证论治方法，分辨其病因病机及诊治方法。时逸人所创导的这一方法，目前已被越来越多的中医研究者沿用。

理论的创新带来了临床疗效。一天，时逸人被邀请到一病家出诊。病人杨某，男，39岁，高热不退，有汗，已经四天，胸部隐隐有斑疹未透，口干不思食，舌赤苔黄厚，脉数无力。时逸人紧紧抓住主症，敏锐地发现病人正处在瘟邪内蕴有外出之机，但正气鼓动无力，拟透斑解毒汤加减：金银花 9g，黄芩 4.5g，桑叶 9g，大青叶 6g，牛蒡子 4.5g，僵蚕 6g，西河柳 1.5g，牡丹皮 4.5g，连翘 9g，沙参 9g，建曲 9g，陈皮 4.5g。服 2 剂。

第三天，病人热稍微减退，仍有汗出，口干，斑疹未透，神烦脉数，大便两天未解。原方加入神犀丹（犀角现已代用）6g（包煎），再服 2 剂。

第五天，病人斑疹已透，但仍有身热烦躁，

大便秘结。改用河间双解散加减：金银花 9g，连翘 9g，黄芩 4.5g，淡竹叶 6g，山栀 9g，牡丹皮 4.5g，天花粉 12g，酒大黄 6g，芒硝 4.5g（冲），茅芦根各 9g。另服神犀丹（犀角现已代用）6g，温开水送下。再服 2 剂。

第七天，病人服药后大便下，体温正常，斑疹已回，口干，改用养阴生津和胃之剂。方药：沙参 15g，生地 9g，天花粉 12g，麦冬 9g，陈皮 4.5g，建曲 9g，茯苓 9g。再服 2 剂。服药后口干消失，纳食增加，大便通畅而愈。

时逸人在谈起这个斑疹伤寒病案时指出，斑疹伤寒是西医的急性传染病，预后不良，当时的死亡率为 15%～30%。中医病名疫疹，为急性热病的一种，历来是危急重症，病势急速，凶险笃重，如不及时救治将危及生命。斑疹伤寒要注意出疹之顺序、疹之颜色，并结合脉象、舌象来辨别其顺逆。如急性热病初起，恶寒后即但热不寒，皮肤肌肉有紧迫感，因邪热壅滞于皮肤之下血络之中，必然发疹，三五日后察看胸腹背部，有圆形之赤色小点隐于皮下，即是出疹之据，以胸闷解、手足心见齐为已经透达之铁证。疹色：古人以红色为顺，紫险，黑逆。其红色而活，荣而润，或淡而润，皆疹色之佳象；若淡而不荣，或娇而艳，或干而滞，其血最热；若色深红，较淡红稍重；色紫艳，较深红更恶；色紫赤，较艳红者毒火更甚；色青紫如浮萍之背，多见于胸背，乃内热极重之候。在疹未出之前，脉多沉数而躁，或沉而滞涩，此气血郁遏，未能透达之象；疹既发现，脉多洪数；疹透达后，脉即和平。疹在将出之际，多有神昏、谵妄等现象；疹出透后，则神识转清；如果疹透而神识仍未清爽者，则为逆候。发斑则属热毒入血、热迫血溢肌肤所致。

他还认为，凡胸腹、四肢斑疹，续发于时令病诸温证之经过中，多因热毒不解之故。当汗不汗，则邪热壅滞于皮下，宜透斑解毒汤（连翘、薄荷、牛蒡子、蝉蜕、淡豆豉、葱白、大青叶、桑叶，以野菰根、鲜西河柳煎汤代水煎药）；当下不下，里滞停积，宜加减双解散（黄芩、枳壳、芒硝、连翘、酒大黄、栀子、薄荷、牛蒡子、桔梗、淡竹叶、人中黄）；如瘟疫侵袭、毒凝气滞，发为内斑，其证似躁非躁，耳热面赤，目赤口干，手足指冷，或作寒噤，心烦气急，不欲见火，恶闻人声，甚则昏不知人，其脉短滑，舌苔黄浊，中见黑点，舌心苔黑，尖边俱红，治宜清热解毒，用解毒化斑汤（金银花、连翘、僵蚕、酒黄芩、紫花地丁、赤芍、牡丹皮、紫草、山楂、人中黄，另送服解毒万病丹），得脉和神清，毒化斑解。

本例身热舌赤，于透斑解毒汤中加入金银花、黄芩、僵蚕、牡丹皮以凉血清解，因有汗，故去葱白、淡豆豉、薄荷、蝉蜕等辛散之品，加沙参、建曲、陈皮以扶正和胃，仍为辛凉清热、解毒透斑之剂。药后斑疹尚未透达，可见热毒较甚，故加入神犀丹（犀角现已代用）以清热解毒凉血，后斑疹见透。斑疹虽透，身热未减，大便秘结，仍有里滞停积，故改用河间双解散加减，因斑疹已透，故去原方荆芥、蝉蜕、牛蒡子、薄荷等辛散之品；因无胸闷，故去枳壳、桔梗之一升一降；因仍有身热烦躁，故加黄芩、栀子、牡丹皮、茅根、金银花清热凉血；因无人中黄故去之，仍为清热通里之剂，不失原来双解散之意，故用后得双解而退热。他还认为，西河柳对于透发斑疹有良效，尤其配入清凉药中，有循经速达透发之功效。《温病条辨》谓其性大辛大温，温热病发疹者忌用，是不正确的。他用自己的实践大胆地挑战权威，体现了不墨守成规，敢于创新的精神。

时逸人在制方组方用药上也充分体现了这种创新精神，他以古代名方为基础从临床实践出发研究组制了一批新方，可谓处方有法，师古而不泥古。清代著名医学家徐灵胎云："方之与药，组织必须严密，分视之药必合于病情，合观之方必本于古法。"说明处方须有法度。时逸人主张方之所贵，不在古方与今方之分，只要在临床上确切有效的方剂，皆为我所用。此项主张，为后来愈来愈多的学者所接受。时逸人根据临床实践的需要，将先贤成方予以加减灵活运用，唯在适合病情，治疗上确有效能。在其所著《时氏处方学》中，他着重方与方之比较，以类而分，再辅以药物之研究，以其方与药之能，互相对勘考察，以求实效。如分析祛痰之剂，可有清热、安神、泻肺、清肺、宣肺、补气、养血、宽胸、镇惊、镇痉、滋阴、顺气、通便、涌吐、解毒、泻水、和解诸化痰法，各选适当方剂，备临床灵活选用。方剂有本于原文者，亦有加减应用者。

如菖蒲郁金汤是时逸人制订的有名方剂，为加减俞根初方所创制方，属清开痰热之剂。

原方最初载于1930年《中国时令病学》中的伏邪风温证，以后转载于《中国传染病学》中的肠热症、《温病全书》和1949年后全国中医院校统编教材《温病学》。处方：鲜石菖蒲、郁金、栀子、连翘、淡竹叶、牡丹皮、木通（或用通草）、灯心草、玉枢丹、生姜汁。加减法：痰涎壅盛去木通，加金银花、滑石、菊花、牛蒡子。其中，以栀子、连翘、淡竹叶清泄湿中之蕴热，石菖蒲、郁金化湿豁痰、开窍醒神，牡丹皮凉血护阴，姜汁、玉枢丹辟秽化浊开窍，木通（或通草）、灯心草导湿热下行，合而为清化开闭之剂，使内陷之热邪痰结一举而清肃之。适用于治疗湿温病痰热蒙蔽心包，如西医所称流行性乙型脑炎、伤寒、重症肝炎、肺心病、严重肺部感染、急性传染病有身热不退，神识昏蒙，妄言，妄见，心烦，躁扰，舌苔黄腻，脉象滑数等症。服此方后，如患者神识狂乱不安，胸闷气急，壮热烦渴，此乃内陷之热邪，欲达而未达，因病重药轻之故，可再加牛黄、犀角（现已代用）、羚羊角之类。凡痰热蒙蔽清窍，用后均可见神清症减。该方成为近世广泛流行使用而确切有效的方剂。日后，其子时振声运用此方救治慢性肾功能衰竭合并肺部重度感染的患者，取得良好效果。

如新订方荆防解表汤，被江苏中医学校编写的《温病学新编》所采用，适宜于春温之表寒重者。荆防辛温解表之作用虽逊于麻桂，但为江南医家所习用。

又如增减旋覆代赭石汤，为清凉降逆之剂。湖南怀化地区第二人民医院彭述宪将其应用于肝火夹湿上壅清窍、暴怒伤肝风火上扰、肝火偏盛上扰心神、肝火犯胃气逆作呕、肝旺湿阻气窒膨胀、肝火横逆湿热内蕴诸证，并附病例八则，均获较好疗效。可见时逸人对杂病治疗的制方选方十分精当。

融会中西、走创新之路，是中医学术研究

与时俱进、不断向现代化发展的必然趋势。而时逸人早年所提出的“化中化西”这一宏大设想，是对中医发展很有意义的探索，闪耀着夺目的光芒。

伤寒温病一炉熔

古代医哲所创的伤寒及温病学说，是中医对急性热病临床诊疗的经验总结，从临床实践上升到理论，可以说是认识过程的一大飞跃。尤其可贵的是，这种理论回过来又指导了临床实践，直接提高了临床的治疗效果。但是有些研究伤寒温病者，常常将伤寒与温病对立起来，形成了经方与时方之争，这样反而妨碍了临床实践水平的提高。

时逸人主张伤寒与温病应当统一起来加以研究，因其受病来源、发病过程大抵相同；但不同意“伤寒就是温病，温病就是伤寒”之说，认为两者之间，仍有详细辨别之必要。1928 年他在上海任教时，专授古今疫症，后结合临床实践经验，于1930年出版了《中国时令病学》，认真研究了《黄帝内经》和张仲景《伤寒论》以来，特别是明清“温病学派”诸家学术思想和经验，创立了时令病学的新命题和时氏时令病学体系，熔伤寒、温病于一炉，成为其学术发展的里程碑。当时海内名家刘蔚楚、周小农等为之作序，均认为该书“发前人之所未发”，“独具慧眼，卓尔不群”，“纠正古人之错误，指导后学之迷津，是诚医林之南针也”。

时令病，乃感受四时六气之异常而为病之证，亦即四时外感病证之总称，包括春温、风温、暑温、伏暑、湿温、秋燥、冬温、伤寒等病在内。昔日医家对伤寒、温病的争论焦点在于：伤寒学派承认有温病，但是认为完全可以包括在伤寒的范围，完全可以用六经辨证来概括温病；温病学派则认为温病与伤寒在病因、传入途径、辨证、治法上完全不同，绝对不能混称。前者根据《黄帝内经》的“热病皆伤寒之类”，以及《难经》的“伤寒有五”之说，而陆九芝更直接，称“在太阳为伤寒，在阳明为温热”，认为阳明病就是温病，其对后世温病学说的发展是采取否定态度的。后者则由于历史的发展，逐渐形成了比较完整的温病学说。至叶天士之时，乃蔚为大观，内容也比较充实了。时逸人则认为：“伤寒与温病要统一起来，应当于矛盾中求统一；再则将伤寒与温病的症状、治法不同之点分别说明，于统一中解决矛盾。不是将伤寒与温病对立，而是将伤寒与温病混合以便利研究。”这样就可以平息许多医家的伤寒、温病之争，亦可化古方、今方两派的门户之见。

新的理念为他开拓了眼界，也回报了他辛勤的探索。1943 年的一天，几位壮汉用担架抬着一年轻女子急匆匆来到时逸人的诊所。病人吕某，女，23 岁，高热一天，神昏嗜睡，不时强直反张，两目上视，四肢痉挛抽搐，身热鼻干。西医诊断为流行性脑脊髓膜炎。时逸人以病之证候为标准，沉着冷静地细切脉象弦数，结合病症，即拟清热息风、清营开窍法。处方：金银花 9g，栀子 4.5g，连翘 9g，黄芩 4.5g，菊花 9g，钩藤 12g，僵蚕 9g，白芍 12g，羚羊角 1.5g，石菖蒲 6g，葛根 9g，石膏 15g。另用紫雪丹 1.5g，日 2 次冲服，口服 1 剂。

第二天，病人神志略清，痉挛发作见减，病情明显缓解。但仍有身热并头痛。时逸人将原方羚羊角加至 3g，再加犀角（现已代用）1g，增强清热息风之功。服 1 剂。另服玉枢丹 3g，日 3 次。

第三天，大见成效，病人神志已较清醒，身热头痛均减，痉挛发作已止，继服原方 1 剂。

第四天，病人神志完全清醒，身体尚有微热，口舌干燥，因热甚伤阴，改以甘寒养阴善后，兼清余热。处方：金银花 9g，淡竹叶 4.5g，生地黄 9g，天麦冬各 4.5g，生石膏 9g，天花粉 6g，建曲 9g，沙参 9g，白芍 9g，炙甘草 4.5g。

时逸人认为：《金匮要略》痉湿暍篇中有痉证，是外感后邪阻经络而强急不和所致，以发热无汗，反恶寒者，名曰刚痉；发热汗出，而不恶寒，名曰柔痉。根据恶寒之有无，大致亦可将外感分为风寒与风温两类。温病发痉则认为是热极生风，一般多见于风温、春温，由于痉挛抽搐的同时，尚有神昏谵语，往往归入"逆传心包"的范围。实际上痉证以强直反张，痉挛抽搐为主，似应从逆传心包中单独分出为妥。在儿科则属急惊风。

这个病人患流行性脑脊髓膜炎，在中医属外感后起病急，不时强直反张，身热鼻干，应属温病发痉，经用清热息风及清营开窍之剂，神志及痉挛均见减轻。二诊加强清热息风，并服玉枢丹解毒避秽，使症状迅速得到控制，最后以甘寒养阴善后而愈。时逸人曾告知其子时振声：玉枢丹在流行性脑脊髓膜炎早期用之有效，机理不明，尤其配合犀羚（犀角现已代用），往往功力倍增，值得临床注意。可见时逸人十分注意积累临床经验。

为了弥补《中国时令病学》之不足，时逸人1933年又撰写了《中国急性传染病学》。尔后，他又认真总结了自己20余年的临床经验，于1953年出版了《中医伤寒与温病》。他汇集整理了古代已经从伤寒、温病中独立出现的一些急性热病，采取中西医结合的研究方法，主张“每一种疾病以西医所载为主，其病因、病理、诊断、治法等项以中医为主，如是汇通研究，不但读书与临证之界限可铲除，即使中西医之门户亦可不必拘执矣”。将时令病与急性传染病合观，在开创研究中医热病学方面成效卓著。

时逸人以前曾主张伤寒、温病与传染病须分别施治，大概是受吴又可的影响。吴又可对伤寒与温疫的区分，认为是："伤寒不传染，温疫能传染；伤寒自毛窍而入，温疫自口鼻而入；伤寒感而即发，温疫感久而后发；伤寒汗解在先，温疫汗解在后；伤寒初起，以发表为主，温疫初起，以疏利为主，凡此种种不同。其所同者，为伤寒温疫皆传于胃，故用承气汤导邪而出，要知伤寒温疫，始异而终同也。"时逸人经大量临床实践后认识到，时令病与传染病同属急性热病，吴又可所说的伤寒与温疫的种种不同点，只在受病轻重、体质强弱、流行或散发等方面有所区分而已。时逸人认为，温病学说是在伤寒的基础上发展起来的，说明对急性热病的共性规律有了更广泛的了解，瘟疫学说又是在众多温病学家研究温病的基础上发展起来的，这提示他对急性热病中的某些个性规律也有了更深入的认识。不能认为有了共性就不需要个性，也不能认为只要个性就可以不再要共性了，其实两者是相辅相成的；不能认为有了温病及瘟疫学说，就可以取消伤寒学说的宝贵经验；同样只奉行伤寒学说，否定后世温病及瘟疫学说的成就也是不对的。这样就取消了门户之见，取长补短，只要是在临床上确切有效的各种方剂，都可以为我所用，以提高中医在急性热病方面的治疗效果。

在治法上，时逸人认为：“伤寒以辛温发散为主，温病以辛凉发散为主，暑温以清暑宣达为主，伏暑以清透伏热为主，秋燥以润燥宣肺化痰为主，冬温以利咽通便为主。滋阴生津之方法为温病所必需，但须斟酌病情适宜用之可也。”临证之际，对各种疾病的治疗灵活加减运用成方，师古而不泥古。对危急病人的诊治，认为变化顷刻，故审病辨证必须深入分析。对慢性疾病，多强调脾胃为后天之本，如有肾阴虚损服滋腻过久碍及脾胃者，认为务必先调脾胃，后再补肾缓图。

春天三月，有一女患者董某，43 岁，病见往来寒热，无汗耳聋，胸闷胁痛，口干作苦，不思饮食，舌苔黄腻。时逸人诊断为春温伏邪湿热蕴结证，予以蒿芩清胆汤加减，以清透气分伏热。

方药：青蒿 9g，枳壳 3g，陈皮 6g，炒建曲 9g，防风 6g，郁金 6g，法半夏 6g，茯苓 9g，黄芩 6g，淡竹茹 6g，葱白 6g。2 剂。

二诊：病人服上方翕翕汗出，寒热往来已止，舌苔黄腻已退大半，唯仍然有胸闷不舒。原方去青蒿、防风、葱白，加全瓜蒌 12g，薤白 9g，桔梗 4.5g 以宽胸化痰。再服 2 剂。

药后病人胸闷消失，饮食增加而愈。

本案病势重急，如果病因病机辨析不清，处方遣药不准确，病情会急转直下。

时逸人详析治疗春温伏邪的理法方药：蒿芩清胆汤用于气分伏热，以青蒿清气透达，领温热伏邪外出；黄芩苦寒，以清气分热结；枳壳、陈皮、竹茹、法半夏降胃逆、化痰浊；茯苓利湿以清热。内蕴之伏热既清，则心烦发热口渴之症自愈，气机通畅，自无胸痞脘闷作呕之症，为和解化痰利湿之剂。如病人热甚者，可加入金银花、栀子、淡竹叶、连翘等以清郁热。本例用蒿芩清胆汤加减，因无汗而佐用辛散之防风、葱白；因胸闷胁痛而加入疏肝理气之郁金，再加桔梗与枳壳，一升一降，以除胸中气结；瓜蒌、薤白宽胸化痰，建曲以助消化，故能使春温伏邪之蕴热清透，气机调达，痰浊得化，温热得利，而获痊愈。

时逸人的全部著述突出地反映了他温故而志在创新的精神。对某些传统的医方，他敢于怀疑，大胆提出自己的见解。在其所著《中医伤寒与温病》一书中，他指出："古代医家遵奉《伤寒论》方法，可以包括各种急性热病的治法，为此思想所蒙蔽，阻碍了应有的进步道路。在实际上，113方也万难包括一切传染性疾病的治疗"。他认为，《伤寒论》中的治法及方药是远远不适应今日治病所需的，必须加以发展。对明、清以来崛起的温病学中“疫气”、“卫气营血”、“三焦”的学说，他认为是在《伤寒论》“六淫”、“六经”基础上的重大发展，应该给予肯定和重视，但两者是源与流的关系，是法古与创新的关系，有其内在的联系和相互补充的作用，不能有所厚非。他的这一论述，对多年来“经方派”与“时方派”之间的论争作了公正的评说，曾受到近代名医张山雷先生的赞誉。当时南京国医传习所教务主任、著名中医理论家郭受天也极为推崇他的《中医伤寒与温病》一书，认为是明代吴又可《瘟疫论》的再提高、再发展。由于时逸人对“伤寒”、“温病”的研究有素，见解精辟，在时病治疗中不拘一格，娴熟地运用“辨证和辨病相结合”的方法，因而疗效显著，成为一位高明的医学家。

1956年，时逸人为了“寒温统一论”，将《中国时令病学》改编为《中医伤寒与温病》。

他认为，第一，以六经辨证为纲，将伤寒与温病融合讨论，主张伤寒与温病系属同一性质之病证，唯有单属外感风寒及兼有伏热之不同，无门户之争。第二，初中期之病情传变，不出三阳经范围，末期间有三阴经之症状，伤寒、温病莫不如是。第三，温病系外感病症兼有伏热者，如发现肺系病状，则为肺系温病，发现胃系病状，则为胃系温病。简而言之，初期多发现肺系病状，如果失治或误治，便会出现胃系病状，是肺、胃之争，在病机上仅属先后之分。第四，古人皆认为伤寒为新感，温病多伏邪，或疑温病有伏邪，又有新感，实际上新感、伏邪两项，为四时六气所同具，不必以伤寒、温病局限之。以上四点，在探讨急性热病的发病与临证上具有积极的意义。

总之，关于伤寒与温病的辨证，时逸人认为，伤寒与温病同为外感病，其发病之症状，亦大略相同，六经辨证中的三阳经病症，属卫外机能之变化，三阴经病症属脏腑功能之变化。凡新感病症，不出三阳经范围，是温病亦可用六经辨证。营卫运行自然之常态，即为太阳经之实际，故太阳经即统辖营卫之运行。卫气营血辨证作为深浅界限之别，伤寒、温病、新感、伏邪各症，均可适用，而非伤寒必用六经辨证，温热只用卫气营血辨证。

注重临床　疗效第一

时逸人不仅坚持改革创新，在中医理论上有突出建树，而且还是一位注重临床积累、坚持疗效第一的临床家。他高超的理论素养，主要得益于大量的临床实践，堪称临床医学的勇敢探索者。

中国传统中医药学之所以能够发展到今天，除了它博大的文化内涵与深邃的哲学思想外，其独特的治疗思想及显著的临床疗效是其生命力历久不衰的主要原因。时逸人在一生的行医生涯中，特别重视临床实践，视临床疗效为中医学的“生命”。如他与同代名医何廉臣商讨编订中医讲义时提到：“要使学习者得正轨之遵循，业医者得充分之援助……侧重证治之经验。”此后也曾反复提到：“整理中医学术，应当从实用之处着手”，“中医要生存，必须提高治病效果”。

时逸人指出，中医学虽有正统的理、法、方、药，但有许多宝贵的经验仍然广泛散落于民间。要想提高中医疗效，就必须重视实践经验，使散落在民间的宝贵经验集中起来，并通过临床验证。他说：“中医实践经验，埋藏民间，年湮代远，失传很多……我国医生众多，非祖传即师授，对于临床各科，均有实际经验，如对某一病或某一证，常有特别家传秘法，虽诸医束手，亦能药到病除，历验不爽……苟能集中一处加以试验，特效者褒奖之，无用者废弃之，必有惊人之收获。”

他主张将个人的经验，通过验证，凡有临床疗效者，加以肯定，如此实事求是地研究中医临床经验，必将有助于中医学术的快速发展。时逸人在总结个人经验时亦充分体现出以临床实用为目的之特点。他编著的《中国药物学》一书注重临床实用，反复强调配伍应用，获得同道好评。他对中药的性味、作用、疗效，进行了认真的研究和实验，分别给予科学的论证，特别是对某些中药的炮制加工，提出了具有突破性的意见。如麻黄定喘，他主张生用，不需“水煎去沫”；蒲黄止血，他主张应用原药，不必“炒”黑，等等。这些见解都是前所未有的，而且实践证明是正确的。晚年时逸人根据自己的临床实践，撰著《实用中医内科诊疗手册》，对各种内科常见疾病的证治，分本症与兼症，便于临床辨证论治，有较高的实用价值。

在临床实践中，时逸人将中西医病症分别类比归纳，用中西医两种术语描述症状，用中医理论阐释病机，用西医理论解释病理，中西医双重诊断，再根据不同疾病，或专以中药治疗，或以中药为主，辅以西药，或中西药并重，注重实效，强调结合，形成了近现代中西医临床各科结合的雏形。

在疾病的诊断上，他积极倡导四诊合参，尤重察舌辨脉；在治疗用药上，崇尚辨证施治，师古而不泥古。

时逸人体弱多病，常在自身患病或家人患病后，特别注意通过亲身的实践，不断地总结经验。如对虚人外感、外感夹食、外感夹湿等，他在《复兴中医》杂志中写道："庚辰之秋，农历九月廿二，余病寒热无汗，头痛胸闷，苔色白腻，大便不畅，饮食减少，用防风、荆芥、桂枝、陈皮、半夏、赤苓、建曲等辛温药，服后微得汗，表邪仍未宣畅。大便已三四日未解，矢气甚多，胁痛腹胀，不思饮食，舌苔仍腻，乃用藿香、佩兰、陈皮、半夏、赤苓、建曲、浙贝母、延胡索、枳实、厚朴等芳化疏滞之剂，服后大便未解，病况如昔，更添腰痛鼓肠、怔忡不寐。廿五日张赞臣兄来访，并代处方：'风邪夹湿积互阻，恶寒发热不畅，胸闷气滞，苔腻而厚，大便秘，拟疏邪宣化。淡豆豉、藿梗、紫苏梗、防风、枳实、郁金、陈皮、砂壳、茯苓、茯神、采云曲、莱菔子、蒌皮、蒌仁等。’方药配合甚佳，病情亦合，其方未服者，余因此病起源尚未明了，姑待一二日后，再拟治法。因失眠之故，发现卧时靠近门窗，虽用汗剂，但汗出不透，恐是夜间又受其寒所致，乃易卧处，厚其被盖，另用防风、金银花、青蒿等煎服，夜得汗甚多，衣被尽湿，并外用甘油栓以润肠通便，大便通畅，病乃霍然。”

他进一步分析：“是种小病，本无记载之必要，余因有数种意见，附述于此病之后，故记之以备参考：表里两解之方，前人方剂如桂枝加大黄汤、厚朴七物汤、大柴胡汤、河间防风通圣散等，余自服每不见效，反症状加重，因体虚不任表里两解之故。肠中有积滞，宜以下解，唯外有表邪未解者，必须表邪解后，即恶寒已罢，方可通其大便，表里两解之法，体气强健者，尚堪一试。表邪未解，疏滞通下之剂可致鼓肠，余之主张急以停用疏泄，不但硝黄不宜，即槟榔、枳实等亦不可妄用，外用蜜煎导或猪胆汁灌肠均佳。”

时逸人认为：“感冒夹食滞者，在有表证下，仍以宣散表邪为主。己卯之秋，小儿振声病身热无汗，微咳脉躁，苔白而厚，因多食又复感冒所致。用防风、桂枝、陈皮、法半夏、桔梗、金银花、前胡、赤苓、建曲、葱白，服后热退，但出汗不多，脉搏尚躁。次日午后又发热胃痛，用原方去桂枝加酒黄芩、高良姜，未出汗，热亦未退。夜间热甚，脉数鼻衄，口渴舌光赤，苔白厚，胃痛。用防风、荆芥、青蒿、金银花、淡豆豉、葱白、牡丹皮、酒黄芩、陈皮、半夏、高良姜、赤茯苓、建曲、芦根等，服后得汗甚多。次旦热已退净，唯胃部仍痛，又过一日胃痛方愈。由此可知，感冒病须先以汗解，汗出不多，汗出不透，汗后仍然无汗，皆须发汗，必俟饮汤饮水后皆津津微汗，方为表气疏泄。”

时逸人曾自我总结：“余常患感冒，对感冒病有相当之认识。在家乡患感冒病时，每用荆芥、防风、陈皮、葱白、建曲、生姜、紫苏叶等，即可见效。在晋省时，因气候干燥，如服前方，即有热不退、烦躁、口渴、失眠等症。丙寅冬际，在汉口时，该处地方较为潮湿，因患感冒，服上方后上吐下泻，胸闷脘满不舒，乃用桂枝、防风、陈皮、半夏、豆蔻、紫苏叶、薏苡仁、茯苓、建曲等方效。同属感冒，一宜清热生津，一宜温中燥湿，气候风土不同，用药之分别如此。

“四川省气候特别潮湿，感冒药中且有需用生附子，以温中燥湿，亦用药方法之异者。又关于感冒病初起之时，有谓发汗药中，须加陈皮、半夏以和胃者，有谓此药性燥，与汗解之法不宜者，但以余之所验，如口黏苔腻，用之恰宜；倘津液不足之人，口干舌燥，则不必用之矣。”

在最常见的感冒诊断、遣方、用药方面，时逸人不愧是《黄帝内经》“三因论”（因人、因时、因地）的模范实践者。而且，他对许多病证都是这样认识并施治的。

时逸人作为著名的中医临床家，对内科难治性杂病的诊治也有杰出的建树。他认为，内科杂病多属慢性疾患，尤其难治性杂病，亦虚亦实，虚中夹实，其表现为脏腑阴阳偏胜，或见气血失调。补虚与祛邪不同，补虚本无近功，服后虚能受补，病情不增，即属有效。因此，不能急于求功，久病多虚，应该燮理阴阳气血来调治，在“慢”上下工夫。

时逸人曾治再生障碍性贫血患者，历时六月余，获得比较满意的疗效。夏某，男，17岁，高中学生，因头晕眼花、心慌气短一年余住院。入院时面色无华，神倦力乏，全身恶热，口干思饮，常有鼻血不止，大便干燥，小便黄少，脉搏120次/分钟。面色苍白蜡黄，全身皮肤亦现苍白，指甲白而无光泽，鼻腔覆盖血痂。血红蛋白23g/L，红细胞0.93×10^{12}/L，血小板15×10^{9}/L，西医骨髓穿刺证实为再生障碍性贫血。其父母及亲属焦急万分，几乎整日以泪洗面。

时逸人诊察脉证，制订了周密的治疗方案：初以清肃肺热、养血止血为治。药用：桑白皮、黄芩炭、栀子炭、白茅根、白及、北沙参、当归身、生杭白芍、玉竹、阿胶、藕节、川牛膝。此方加减，服药月余，病孩鼻血停止，身已不恶热，但仍为阴盛内热。

继治以养阴清热，佐以止血和胃。药用：生地黄、熟地黄、生龟甲、知母、黄柏、阿胶、党参、陈皮、建曲、丹参、白芍、血余炭、藕节、侧柏叶。此方又服月余，病孩面色转红，但仍头晕疲乏，心慌气短，内热症状基本消除。

再治以补益气血，佐以和中健胃。药用：党参、白术、茯苓、炙甘草、当归身、白芍、生地黄、熟地黄、鸡血藤、丹参、柏子仁、龙眼肉、生龟甲、阿胶、枸杞子、麦冬、陈皮、建曲。又服月余，病孩头晕气短明显减轻，轻微活动已不感疲乏，但脉搏无力，面色带青，苔变白滑。

尔后，时逸人仔细分析了前一阶段治疗用药情况，认为偏于补阴，以致阳气式微，乃于上方酌加温肾补阳之品。药用：淡附片、党参、白术、茯苓、炙甘草、生地黄、熟地黄、白芍、鸡血藤、龙眼肉、丹参、生龟甲、枸杞子、木香、青皮。继服数剂后，虚寒征象消失，阳气鼓动，继用八珍汤、归脾汤、人参养荣汤加减而收功。血色素增至9.8g/dl，骨髓穿刺复查红细胞系统增生，骨髓象好转出院。

时逸人认为，本例最初本虚标热，不用人参者恐其助热，不用生地黄者恐其碍胃。肺热已清，出血已止，则以养阴为主，用丹溪大补阴丸法，壮水之主以制阳光；内热基本消除后，乃培补气血，以八珍汤为主加减；以后又出现阳微现象，而致阴阳偏胜，乃加扶阳之品，俾阴阳协调；最后以气血双补收功。此类病证，开始治疗时，滋润碍胃之品宜忌用，以免壅滞而影响脾胃，脾胃生气受碍，则虚损难以恢复。久病及肾，肾阴不足，如服滋腻过久碍及脾胃，此时务必先调理脾胃，以后再图补肾。本例在治疗过程中，曾二度合并感染发热，经用金银花、连翘、栀子、牡丹皮等清热解毒之品获效；曾合并眼底出血，经用活血止血之品，如侧柏叶、栀子炭、阿胶、地榆、茜草、桃仁、红花、藕节等，出血逐渐吸收。

病孩及其父母亲身经历六个月漫长的治疗过程，承受了由焦虑、期待、欣喜、疑惑到信任、由衷感激的变化。自信并精准辨证和用药，驾驭慢性复杂病变，使之日渐好转，凸显了时逸人临床大师的功力。

《复兴中医》杂志 1942 年第 2 期登载了时逸人救治一患噤口痢虚证呕吐不止的垂危病人的精彩医案。

1938 年夏天，时逸人旅居重庆时，有汪浩然医师之亲戚，患痢疾已经数月，多位中医治疗均无效，转荐时逸人。患者男性，年已 60 余，痢经三月余，饮食不下，呕吐不止。痢乃赤白相兼，里急后重，脉沉细如丝，似有似无，病势已至最危之候。时逸人用和中健胃止痢之法，药用北沙参、白芍、陈仓米、灶心土、砂仁壳、木香、乌梅、罂粟壳、半夏、陈皮等，但因患者极度虚弱，拒药，随服随吐，眼见阴竭阳亡。时逸人辗转思考，筹得一法：用建莲子、山药、薏苡仁、陈仓米、山楂、谷芽等，炒焦研末，每用少许，打糊如膏状，食之。调养一二月后，方能稍进稀粥，再用治痢之法，痢亦渐止。过一二月后，焦易堂痢下不止，张简斋问治于时逸人，时逸人乃将本方告之。经用此法，泻下旋止。

时逸人博览群书，特别推崇金元四大家之一李东垣“调理脾胃、人以谷气为本”的学术思想。他经常对学生讲治慢性病要时时照顾脾胃。本例久痢兼呕吐不止，脾胃大虚，宜养胃和胃。尊李东垣“胃中虚热，谷气久虚而为呕吐者，但得五谷之阴以和之，则呕吐自止，不必用药”。他正是牢牢把握病机，以脾胃为本，另辟蹊径，只用健脾养胃和胃之品，并且巧以食疗，“每用少许，打糊如膏状，食之”，取得意想不到的疗效。

时逸人不仅在治疗外感热病和内科杂病上有丰富的临床经验，而且在治疗妇科疾病上也有独到的见解。

古代医家有言：“宁医十男子，莫医一妇人。”是指妇女有经、带、胎、产等特殊情况，病症多端而复杂，且调理施治亦与男子有别，故如是云云。另外，妇科病症在辨证上亦有其特殊性，不可不知，如四诊中的问诊，由于妇女有经、带、胎、产之病，隐曲七情之患，常常不肯直言，故必须耐心细致地询问而求因。时逸人对妇科疾病有十分丰富的临床经验，也有精深的学术造诣，1931 年曾编著《中国妇科病学》，1955 年修订再版，很受欢迎。1956 年又注释《金匮要略》妇科篇。

崩漏是指妇女非月经期阴道出血，属妇科急症。崩者，忽然下血如冲；漏者，淋漓不断，忽轻忽重，无休止时。崩与漏可以互相转化，崩势稍缓可以转为漏；久漏不止亦可转为崩。崩与漏虽有缓急之殊，却无轻重之别，故均应予以重视。

时逸人曾治胎漏下血病人王某，女，24 岁，妊娠两个月，漏下时有时止，且有增多之势，少腹下坠，无腰痛腹痛，心慌气短，脉象细滑。病人及家人莫不惊慌，担心流产。时逸人先稳定病妇及家人情绪，遂拟补益气血法。用药：当归身 15g，党参 9g，生黄芪 9g，沙参 30g，生地黄、熟地黄各 9g，杭芍 12g，阿胶珠 12g，陈皮 4.5g，桑寄生 12g，杜仲 9g，白术 9g，炙甘草 3g，升麻 1.5g，柴胡 1.5g。服 4 剂，立竿见影，未再见有漏下，少腹下坠感、心慌气短亦明显好转。再诊：效不更方，前方再服 4 剂，彻底治愈。本例胎漏下血属气血虚弱兼动摇肾气，故以补中益气汤补气摄血，加入芍、地、阿胶之养血，杜仲、寄生之固肾安胎，故仅用 8 剂就马上收效。后追访该孕妇，足月顺产一子。本案看似简单，其实需要心理安抚和遣方用药密切配合的丰富临床经验。

时逸人还指出，漏下之证应重视兼夹症，如夹发热恶寒之表证，则宜宣达；夹胸满气逆之郁怒，则宜舒郁；有时兼夹症清，本证亦可自止。陈自明《妇人大全良方》云：平素虚损不足，产后伤于经血，或临产之际，出血过多，伤及冲任，致令气血不调，故恶露淋漓不绝。沈尧封云：产后恶露过多不止，用伏龙肝二两煎汤澄清，烊入阿胶一两服，如不应，加人参。张寿颐云：新产恶露过多，鲜红无瘀者，是肝之疏泄无度，肾之闭藏无权，冲任不能约束，关闸尽废，暴脱大是可虞。伏龙肝温而兼涩，阿胶激浊扬清，本是崩漏上剂，重用独用，其力最专，其功最捷，在一味独参汤之上，必无不应之理，如果不应，则更可危，龙牡救逆，亦所必需。盐山张锡纯云：妇女行经，多而且久，过期不止，或不时漏下，以及产后恶露不止者，宜安冲汤，方用白术、生黄芪、龙骨、牡蛎各六钱，生地黄、白芍、乌贼骨、续断各四钱，茜草三钱，治之多效。余意阳虚不能摄血者，甘草干姜汤为正治，配入生化、归脾，酌其虚实而用之可也。虚弱之症，有阴虚及气虚之不同，则补中益气、人参固本斟酌加减，用之为妥。沈尧封用伏龙肝烊入阿胶一方，尚有深意，实可备用；重症参以龙骨、牡蛎、续断等品，自能奏效；虚之极、瘀之甚者，黄芪、茜草等药，亦可用之。可见时逸人并非简单转述各家的经验，也是他自己临床实践的总结。

妇女分娩后，恶露停留于胞宫之内，不能畅通排出，称为恶露不下，亦属漏下，虽是产后的常见病，但如不尽快解决，会引起宫腔内感染，严重者威胁生命。

1918 年冬天，时逸人踏着积雪来到一农妇家。农妇某氏，产后十余日，发热，恶露不下，心烦口渴，夜不能寐，目红面赤，唇焦舌燥，壮热灼手，不欲盖衣被。脉象在六至以上，弦而细数，热势壮急。时逸人细细询问病史，发现前医以保元、八珍、当归补血、生化等汤，以为和阳摄阴之法；或以六味、八味，沾沾于壮水之主益火之源之药，滋腻杂投误治。时逸人深知前医处理有误，马上开方：青蒿、鳖甲、知母、牡丹皮、生地黄、天花粉、玄参、赤芍、滑石、木通、益母草、川红花等。病妇恶露顺下，热退，继续服数剂而痊愈。病妇及家人感激不尽。

时逸人紧紧抓住前医滋腻杂投辨治不当之误，急改用凉血清热解毒祛瘀方药，一举获效。

时逸人既具有严谨的治学精神，开放的学术思想及丰富的治疗杂病的临床经验，又强调辨证宜四诊合参，强调临床实践，无门户之见，对各种疾病的治疗灵活加减运用古方，师古而不泥古，故能取得显著的疗效。

三心仁术　德高医精

时逸人常说，为医者要有“仁术”之心。所谓“仁术”，实际上有两层含义：“仁”，是指医生要有高尚的医德医风，对病人要充满同情与关爱；“术”，是指医生要具备高超的诊疗技术，确实能够解除病人的痛苦。二者相辅相成，缺一不可。时逸人把“仁术”落实到看病上，提出“三心”：临证要专心，认证要细心，治疗要精心。

山西医学院附属一院中医科老中医姬乾园先生回忆时逸人诊治他孩子的情景：“余子年十二三岁时，因游泳中暑热夹湿，高热神昏。余初以清热利湿药，高热不退，疹点隐隐，连服数剂，病情不解。遂延请时老诊断，认为暑热夹湿，用甘露消毒丹加减，并合神犀丹（犀角现已代用），药后汗出神清，脉静身凉而愈。回春妙术，以逾常人。时老学识渊博，临证处方严慎，常告诫后辈临证要专心，认证要细心，治疗要精心，万勿孟浪从事而遗留祸患，增加病人的痛苦。”

姬乾园先生还回忆：“余与时老相识于1944年，缔交往来甚密，有疑难问题，多请益于时老，深受教益。时老为人正直、端方、平易、善良，对贫苦病人往往不收诊金。诊余之暇，每多约我谈论经典奥理，深入浅出，使人容易了解。对临证治疗，多在古方、时方基础上加减，另立新方，用于温热、时疫，见效尤捷。”

时逸人强调在辨证上必审问其所始病，反对切脉便夸夸其谈，自认医理深奥，草草诊过，便书处方。他说：“病人自觉症状，非他人所能知，必据患者所陈述，如患者之爱恶苦乐，即病情虚实寒热之征也；所爱所乐，必其所不足，所苦，必其所有余……在望闻探求所得之外，必须参考病人所言，较为真切。若谓切脉一端，可包括一切，不但事实之所必无，抑理之所未有也。”只有认真探求，方能辨证准确，施治无误。

时逸人是一位医德高尚、医风纯正的临床家。他对来诊者不分贫富贱贵，皆一视同仁；凡邀请出诊者，无不随请随到。他经常告诫弟子：“医家当视人疾为己病，不可疏忽。”在运用某些特种药物时，必先亲尝而后使用。往年，有一家境贫寒、患病多年的男子，年已十九。时逸人主动为其治病，分文不取，还出钱为其代购中药。经过精心治疗，历时月余，这个病人终于恢复了健康。民间传有油浸白果（银杏）治疗肺结核的验方，时逸人就亲自走访病人，亲手配制，亲口尝试，经过实践证实此方确有疗效，无毒副作用，然后他才用于临床。其临证存心及用方严谨的态度，于此可见一斑。时逸人“视人疾为己病，视病人如亲人”的例子不胜枚举，他廉洁行医的美德在多年后仍被人们所传颂。

时逸人为治病救人、中医教育和学术研究努力一生，奋斗一生。他学到老做到老，继承不忘创新。他热爱自己的祖国，为了解民情国情，尽管体弱多病，饱经战乱流离，还遍历国内各省，考察各方风土气候及用药之差异；对古今中外之医书，无不详加研究，所谓“读万卷书，行万里路”。时逸人平日自奉俭朴，治学却精益求精。他晚年患高血压病及肾功能不全，虽顽疾在身，仍孜孜矻矻，勤奋诚笃，真正实践了唐代大医家孙思邈的座右铭：“青衿之岁，高尚兹典，白首之年，未尝释卷。”

时逸人从事中医工作50余年，将毕生精力贡献给了中医诊疗、学术研究，尤其是中医教育事业。他一生坚持身体力行，真正实现了为事业而“鞠躬尽瘁，死而后已”的人生抱负。

子承父业　志者事成

时振声（1930—1998），时逸人之子，1930年出生于江苏镇江。中国共产党党员，中国中医研究院西苑医院主任医师、教授、博士研究生导师，享受国务院政府特殊津贴。为中医临床家，中西医结合专家。

时振声幼承庭训，得到父亲时逸人的口传心授，这为他在中医理论和临床方面奠定了坚实的基础。1949年时振声19岁时就随父侍诊。1952年取得中医师开业执照，1953年考入山东医学院，系统地学习现代医学，开始走上以中医为主导的中西医结合的医疗、教育和科研道路。

时振声熟读中医经典，博通众流，精研百

家，继承父亲时逸人“与时俱进”的改革创新思路，在临床实践中坚持以疗效为本，以中医为主导，充分发挥中西医之长；在中医教学、临床和科研等方面多有建树，尤其对伤寒、温病学说和肾病的研究治疗有所创新，颇具独到之处。治疗疑难重症，屡起沉疴，扶危救死，深为世人所推崇，受到同道赞颂，堪称医坛一位名师。

时振声是我国杰出的中医肾病学家，对肾脏病的中医辨证进行了许多规范化研究，率先提出了以正虚为主，兼顾邪实的辨证方案；他积长期的临床经验，辨病与辨证相结合，总结出各种治疗肾脏疾病的治则、治法、方药及预防康复措施，取得了良好的临床效果。1997年，时振声携他的学生撰写了《时氏中医肾脏病学》，他一生为我国中医肾病事业的发展作出了突出贡献。

在外感热病领域，时振声继承父业，紧扣

临床实践，先后对伤寒、温病进行了系统研究。他深入探求《伤寒论》“厥阴病”的本质，理论上有新的建树，临床上也有突出的疗效。他运用伤寒与温病理论对各种急性热病进行治疗，均能比较迅速地使病人体温恢复正常，缩短治疗过程。尤其是治疗中毒性痢疾、急性肝坏死、病毒性脑炎等危急重症，都有较为丰富的经验和卓著的疗效。

在内科杂病领域，时振声特别强调辨病与辨证相结合，掌握标本动态，尤其重视“证候”的变化；在治疗上他非常注重“虚邪之至，害必归阴，五脏之伤，穷必及肾”，遣方用药轻巧灵动。他认为，对慢性虚损性疾病，必须调理肾中真阴真阳，尽力使之归于平衡。如他在治疗一氧化碳中毒性脑病、运动神经元疾病患者时，常以补肾活络法收效；治疗顽固性慢性支气管炎、肺气肿、肺心病患者，常以补肾纳气法取效；治疗慢性溃疡性结肠炎及肠功能紊乱经久不愈者，常通过补肾固涩法奏效；治疗老年性前列腺肥大患者，常以补肾通利而获殊功。

时振声治学严谨，不尚空谈，对学生总是言传身教，身体力行，为人师表，教书育人。他经常谆谆告诫学生，必须牢固掌握中医理论和临证技能知识，也要掌握必要的西医知识，还要了解其他学科的知识，在中西医结合的基础上，更好地挖掘、系统地整理中医理论，并运用现代的实验手段和方法在实践中验证和发展理论，在理论指导下再实践。这样既可使理论不致空泛，又使实践不致盲目。

时振声先后培养内科肾病专业博士研究生14名，硕士研究生14名，留学生数十名，其中有不少人成为全国中医界的技术骨干，有的还承担了国家、部局级有关肾病研究课题组长的重任。

二代名医　学贯中西

时振声从小就得到父亲时逸人的悉心教诲，每日研读《黄帝内经》、《伤寒论》、《温病条辨》、《神农本草经》等中医经典，奠定了扎实的中医理论基础。他一边在校读书，一边随父学习中医，临床能力也不断提高。1949 年高中毕业后即随父亲时逸人侍诊，并就读于前中央国医馆附设的中国医学专修科（后改为南京市中医进修学校），1951 年毕业。1952 年，22 岁的时振声在南京通过了国家统一考试，取得了中医师资格，并获得了南京市卫生局颁发的中医师开业执照，成为中华人民共和国成立后政府批准的第一批开业中医师。从此，时振声正式开始了自己的医疗、教育和科研生涯。他花了大量的精力和时间，协助父亲悉心整理刊行了《时氏医学丛书》共16部，并整理出版了时逸人的优秀门人何定生编写的《时逸人医案选》，全面总结和传承了时逸人的学术思想和临床经验。

时振声长期受到父亲时逸人的融会中西医、“与时俱进”思想的深刻影响，立志传承父业，并更上一层楼。1953年10月，为了系统学习西医，实现自己的志向，在父亲的大力支持下，他毅然决然报考了山东大学医学院医疗系。在学校里，展现在他面前的是一个与中医完全不同的医学体系。五年寒窗，1800多个晨昏昼夜的刻苦学习，他系统地掌握了现代医学的基本理论、思维方式和临床技能，1958年以优异的成绩毕业，留在学院附属医院内科工作。当时，像时振声这样的中医名门后代主动系统地学习西医是很罕见的事，这足以证明他是多么坚定地追求自己的理想！

1959年10月，由于发展中医、中西医结合事业的需要，时振声遵卫生部指令调至中医研究院工作，同年又参加了卫生部举办的第三届中医研究班的系统学习，于 1961 年 12 月毕业。此后，他在中医研究院西苑医院传染病研究室、消化病研究室、肾病研究室从事临床医疗及科研工作。1978 年参加组建全国首个中医研究生班，并担任经典著作主讲教师，与我国著名中医学家岳美中、方药中一道，成为中医研究院研究生院的创始人之一。时振声 1983 年担任研究生部副主任，带教国内外数十名中医肾病硕士、博士研究生。

时振声长期从事中医临床、教学和科研工作，兢兢业业，一丝不苟，成就非凡。然因积劳成疾，不幸患脑瘤医治无效，于 1998 年 1 月 12 日在北京逝世，享年 68 岁。

时振声曾任中国中医研究院中医内科硕士、博士研究生导师，国务院学位委员会学科评议组成员，国家科学技术奖励委员会特邀评审员，中国中医研究院专家委员会及学位评定委员会委员，中国中医药学会内科肾病专业委员会副主任委员及老年肾病专业委员会副主任委员，天津中医学院（现天津中医药大学）客座教授，海军总医院中西医综合治疗中心顾问，《中国中西医结合杂志》编委，北京中医学会理事及内科专业委员会委员等职，其业绩相继被载入《国际名人传记大辞典》之中。

时振声继承父亲时逸人的遗风，乐于笔耕，勤于著述，累计发表学术论文近200篇，编著有《伤寒论串解》、《外感热病证治要义》、《肾炎的中医证治要义》、《时门医述》、《中医诊断和辨治纲要》（日文版）等，主编了《时氏中医肾脏病学》，参与编写了《实用中医内科学》、《现代中医内科学》、《中医证候鉴别诊断学》、《中医疾病鉴别诊断学》、《实用中西医结合诊断治疗学》等大型中医工具书及学术著作，主审了《中医肾脏病学》等书，为中医学宝库的繁荣做出了杰出的贡献。

创中医肾脏病学

时振声精求古训，博采众家之长，注重临床，中西结合，经过30年的研究探索，创立了中医肾脏病学诊疗体系。尤其在突出中医特色的基础上，采用中西医结合的思路和方法治疗各种肾脏疾病，特别是在改善蛋白尿、慢性肾功能衰竭（即尿毒症）、水肿、高血压及血尿方面有明显的疗效。

时振声根据大量病例的临床证候分布分析，发现气阴两虚证型在慢性肾炎病例中约占27％，到慢性肾功能衰竭阶段该型则可上升到58.8％，遂于1980年第一个提出了慢性肾炎气阴两虚证候类型。慢性肾炎的辨证应以正虚为本，邪实为标。慢性肾炎气阴两虚证逐步得到广大学者的认同，1986 年，第二届全国中医肾病专业学术讨论会确认气阴两虚作为慢性肾炎的主要证型之一，提交讨论并获通过。时振声对气阴两虚的证治规律、证候的动态变化规律进行了研究，并对各种肾脏疾病的中医病因学、病机学、证候学、治疗学和方药运用以及预防、病变发展规律、临床研究思路和实验研究方法等进行了全面的论述，形成独具特色、自成体系的“时氏肾脏病学”。

时振声针对慢性肾炎的主要临床特点——水肿、蛋白尿、高血压和血尿及其复杂的病因病机，首先提出了肾炎治疗 11 法，即：疏风宣散、健脾益气、健脾固肾、温补脾肾、滋养肾阴、气阴双补、阴阳双补、清热解毒、活血化瘀、渗利水湿和祛风除湿。

时振声在学术上从来没有门户之见，临床实践中在坚持中医为主导的同时，也看到西医诊疗的科技含量，尤其对慢性肾脏病这类以西医病名确立的疾病，他深切地感到借鉴西医诊疗技术的必要性和重要性。

国内外肾病学者一致认为，多数肾脏疾病与蛋白尿有关。蛋白尿是预测肾病进展、评估肾脏功能和肾脏保护治疗的重要标志。蛋白尿本身具有肾毒性作用，是导致肾脏病变恶化的主要因素之一；降尿中蛋白是改善肾脏功能的重要措施，是治肾病之本。

时振声通过近30年的大量临床经验和理论研究认为，慢性肾脏病蛋白尿大多属于本虚标实证。本虚是指脾不摄精、清气下陷；肾不藏精、精气下泄。邪实是指湿热、风邪、痰瘀。有意思的是，对于蛋白尿的认识，中医和西医有很大的不同。西医认为，尿中的蛋白（以白蛋白为主）是体内的营养物质，而中医除了认为是“精微物质”，属于“正气”外，还属于湿热浊邪的“邪气”，熔正气与邪气于一炉，反映了中医辨证的特色。这就不难理解慢性肾脏病蛋白尿的治疗难度。

时振声早在1977年就把中医治疗蛋白尿的方法归纳为10法，1986年又一次进行了系统研究，综合为健脾、补肾、治肺、治肝、祛风、清利和活血七法。

补肾法的运用是时振声的神来之笔。他曾治一男性病人，18岁，腰酸、乏力一年余，眼睑及双下肢浮肿3个月。在当地医院查尿蛋白（+++）至（++++），血压130/100mmHg，注射青霉素及口服中药汤剂治疗，效果不好。北京一家三甲医院肾病科诊断为“肾病综合征Ⅱ型”。入院时，患者全身高度水肿，头面下肢均呈可凹性浮肿，胸腔积液。尿蛋白（++++），胆固醇641mg/dl，尿蛋白定量8490mg/24h。病房主管医生采用疏风宣肺利水法治疗，效果不显。病人及其父母忧虑万分，几乎不抱希望了。

医院请时振声会诊。时振声诊断为阴虚水

肿，决定用小剂量温阳化气兼阴阳双补法，方用济生肾气汤加味。坚持守方1个月，患者浮肿完全消退，很见成效。继续服药，但尿蛋白却始终持续在（＋＋）至（＋＋＋）之间。临床症状明显改善而化验指标没有恢复正常，往往是中医治疗的难点。时振声再次认真分析，仍认定患者为阴虚体质，阴损而阳无以化，加之久病，湿蕴化热化瘀，遂果断改用益气滋肾兼活血利水清热解毒之法，予以参芪地黄汤加味治疗。1个月后，患者尿蛋白转阴，临床症状消失，病情缓解。治疗5个月，患者出院时检查，尿蛋白阴性，胆固醇155mg/dl，取得了很好的疗效。患者及其父母对时振声连连作揖，连续说“谢谢”。

祛风法也充分体现了时振声突出中医特色的诊疗思路。时振声曾治一男孩，6岁，因全身浮肿入住某院，被诊断为肾病综合征而用激素治疗。当激素减至每日10mg时就复发，尿蛋白波动在（+）至（+++）之间。患儿无浮肿，但咽部不适，口干喜饮，尿黄，舌质红，脉细数。时振声拟滋养肺肾，用麦味地黄汤加减治疗。服药后尿蛋白仍难消失，后又因感冒，鼻出血，流浊涕，风热之象更显，时振声改用银蒲玄麦甘桔汤加减以疏风清热利咽，方药：金银花 15g，生甘草 3g，桔梗 3g，薄荷 3g（后下），麦冬 12g，焦山楂 12g，神曲 10g，白茅根 3g。尔后，以此为基础方，加减调治月余，终于使尿蛋白转阴。家长千恩万谢，感激之情难以言表。银蒲玄麦甘桔汤是时振声的经验方，他的学生们屡用屡验。

功夫不负有心人，时振声正是一步一个脚印，一步一声回响，攀登着中医肾病学的顶峰。

慢性肾脏疾病发展到晚期是慢性肾功能衰竭即尿毒症阶段，中医称为关格病，即上吐下不得小便，中西医都认为是难治性疾病。尿毒症必然会产生一系列的变证，如酸中毒、心衰、抽搐、出血、昏迷等。其病机是脾肾之虚发展为脾肾衰败，湿浊大量产生，且不能排出体外，以致酿生溺毒，泛溢肌肤，充斥三焦，侵犯肝肾，或逆传心包。在慢性肾炎向慢性肾功能衰竭发展的过程中，许多因素诸如外邪、劳累、饮食等常会起到诱发急性发作、加重病情的不良作用。西医认为尿毒症具有“不可逆”性。

时振声通过自己大量的临床实践发现，慢性肾功能衰竭的病机是极其错综复杂的，往往虚实互见，阴阳失调，寒热错杂，变证蜂起，少尿或无尿，终至死亡。他率先提出治疗尿毒症 14 法：健脾益气、温补肾阳、滋养肝肾、益气养阴、益气固脱、祛水除湿、通腑泻浊、化浊降逆、清热利湿、活血化瘀、宣散解表、清营解毒、镇痉息风、开窍醒神，并提出相应的诊断重点和方药。

时振声的学生亲身经历跟随老师救治一位慢性肾功能衰竭合并肺部感染的垂危病人，至今回想起来还惊心动魄，记忆犹新。

患者石某，男，46 岁，干部。因腰痛 13 年，头晕头痛两年，恶心呕吐 3 天，于 1983 年 2 月 28 日住院。查：血压 230/130mmHg，面色萎黄，疲乏无力，心界扩大，两肺可闻中等量湿性啰音，肝下界于右肋缘下 2.5cm 处触及压痛，肝颈反流征阳性，双下肢凹陷性水肿。实验室检查：尿素氮 132mg/dl，肌酐 11.6mg/dl，二氧化碳结合力 40vol/L，血红蛋白 35g/L，白细胞 $7\times10^9/L$，中性白细胞 80%，淋巴细胞 20%，X 线胸片示两肺野透亮度减低，两肺门影增大模糊，两上肺可见不典型“蝴蝶”状阴影。

患者相当衰弱，头晕头痛，腰酸腿软，气短乏力，胸闷憋气，不能平卧，恶心呕吐，口甜而干，鼻衄，下肢浮肿，小便短少，大便溏烂，日 2～3 次，食欲差，夜不能寐，舌质淡胖稍暗，苔腻中有裂纹，口气秽臭，可闻尿味，脉弦滑略数。入院诊断：慢性肾炎、高血压型慢性肾功能衰竭（尿毒症）合并心力衰竭，肺部感染，继发性贫血。中医病名关格，辨证为脾肾气阴两虚，夹有湿热。

主治医师曾投益气养阴、清热利湿之参芪麦味地黄汤、春泽汤等方加减，并配合血液透析，少量多次输血，大量抗生素抗感染，以及强心、利尿、降压、消肿等对症治疗。患者病情改善不明显，胸闷憋气喘咳逐渐加重，咯痰黄稠，左胸疼痛，恶心呕吐，小便短少，大便溏烂，舌苔厚腻，脉弦滑。考虑为痰热壅肺所致，改投清热利湿、化痰止咳之千金苇茎汤合三仁汤加减。服药3剂，咳嗽减轻，胃纳稍增，腻苔渐化。主治医师在原方中加人参10g，另煎兑入，以求增强补益元气之力。但没想到药后反见病情加重，患者神志恍惚，呼吸气粗，喉中痰鸣，躁扰不安，打人谵妄，喘不能卧，浮肿益甚，尿量每天仅50ml，舌质暗红，苔黄腻稍黑，脉弦滑数，已告病危。

急邀时振声会诊。面对如此危重的病势，他冷静沉着，经过深入的分析，在复杂的病机中抓住患者神志改变的关键，急用化痰开窍、清热利湿之菖蒲郁金汤加减。处方：石菖蒲、栀子、鲜竹叶、牡丹皮、广郁金、连翘、灯心草、杭菊花、牛蒡子、滑石各10g，通草3g，生姜3片，玉枢丹3支分3次冲服。服药两剂，烦躁、谵妄明显减轻，病有转机。再以清化三焦湿热，兼宣肺化痰为治，予杏仁滑石汤加减：杏仁、黄芩、川厚朴、法半夏各10g，浙贝母、全瓜蒌各15g，茯苓、车前子、滑石各30g，日服3次。服4剂后，病人转危为安，胸闷憋气减轻，尿量增加，夜能平卧，精神好转。在原方基础上加紫苏叶10g，以增加辛开苦降之力，服药8剂，病情进一步好转。复查：血压160/90mmHg，中性白细胞60%，淋巴细胞40%，尿素氮56mg/dl，肌酐7.8mg/dl，二氧化碳结合力已正常，X线片复查肺部阴影已消失，病情基本稳定。继以养阴益气、清利湿热，佐以活血化瘀之法调治，并继续配合血液透析，使病情逐渐好转。

本案患者服用清热利湿、化痰止咳之千金苇茎汤合三仁汤加减，方证对应，病情已经开始好转，但主治医师盲目乐观，错断正邪，以为邪气要去，正气大虚，遂加人参10g，扶正为本。殊不知此时依然痰湿热毒邪为本，加用人参大补元气，而使气壅恋邪痰热扰心，导致病势逆转陷入危候，患者出现神志恍惚，呼吸气粗，喉中痰鸣，躁扰不安，喘不能卧，浮肿甚，几乎无尿。在这紧急关头，两剂菖蒲郁金汤化痰开窍逆转了危候，患者用药之后神志转清，烦躁减轻，起到四两拨千斤之功。继用清化湿热宣肺化痰的杏仁滑石汤加减而收功。

时振声指出，本案患者症情复杂，五脏俱损，病情危重，根据《黄帝内经》“急则治其标，缓则治其本”的治疗原则，掌握辨证要领，急以清化三焦湿热、宣肺化痰开窍之法，恰中病机，使邪有出路，邪去而正安；再以益气养阴、清热利湿，佐以活血化瘀之法调治，使危重之病得以缓解。寥寥数语，言简意赅，反映了他救危难于倾倒的睿智和临证能力。

时振声还主持了国家“七五”攻关项目“慢性肾炎肾虚证的临床与实验研究”，并在实践中发现，气阴双补方有保护和恢复肾功能的作用，促使蛋白尿减轻或消失；滋肾化瘀方有治疗和消除肾炎血尿的作用。由他研制的“保肾冲剂”、“滋肾止血片”、“肾炎Ⅱ号冲剂”、“肾衰胶囊”、“益肾祛浊口服液”等系列制剂，对于慢性肾炎、慢性肾功能衰竭等病，均有显著的治疗效果。

千古疑案话厥阴

中医的外感热病理论中最难解的是《伤寒论》中的“厥阴病”。我国东汉著名医学家张仲景的传世巨著《伤寒论》确立的辨证论治原则，特别是六经辨证体系是中医诊治外感热病最权威的临证指南，受到历代医家的推崇。但由于年代久远，编排错乱，令后世医家难以理解，因而众说纷纭。近代著名医家陆渊雷说：“伤寒厥阴篇竟是千古疑案，篇中明称厥阴病者仅四条，除首条提纲有证候外，余三条文略而理不清，无可研索。”时振声以科学的原则，求实的精神，深入地研究了这一“千古疑案”，为中医的外感热病理论做出了重要贡献。

时振声认为，研究《伤寒论》要密切联系

急性热病即现代的急性传染病和感染性疾病的临床实践。他借鉴西医急性感染性休克的发病机理和微循环理论，用阴阳邪正消长的关系，合理地解释了厥阴病的本质与治疗。他认为，厥阴病作为六经辨证的最后一环，是急性热病的危重生死关头。厥阴病的实质是阴或阳衰微到极点。阳气衰微到极点则发生寒厥（阳衰阴盛），阴气衰微到极点是热厥（阴竭阳亢）。因此厥阴病的现象必然是以“厥”为主，没有厥则不是厥阴病。有了这个前提，厥阴篇的内容就好理解了。所谓的厥阴病“提纲证”只不过是肠胃胆道蛔虫症而已。急性热病发展至热厥或寒厥阶段，多半伴有神志昏迷的表现，可以用气营两燔邪入心包来解释，所表现的四肢厥逆，可以用肝失条达、气机不能通畅，以致阴阳不相顺接来解释，因此热厥与寒厥（包括脏厥）是完全符合厥阴病，而且是代表厥阴病最本质的东西。至于其他的厥，很大程度上可能还是与厥阴病相鉴别而列入厥阴篇的。这就使厥阴篇中的记载杂乱无章的问题迎刃而解了。

学术的提高和创新，带来了切实的临床疗效。1980 年 7 月中旬，门诊收治一女性高热患者，56 岁，持续发高烧 5 天，体温 38.7℃，意识障碍，头痛呕吐，烦躁谵妄，神志恍惚，牙关紧闭，两上肢不时拘挛抽搐，颈部强硬，病情危重。入院后经过腰椎穿刺查脑脊液并查血验尿等，西医诊断为病毒性脑炎。陪护来的一群亲属朋友，有的急得哭泣，有的不知所措。

时振声分析病机认为，患者年已七八，阴气不足，外感暑邪，骤然起病，邪热迅即内传，由卫气而至营分，故见高热无汗，神昏躁动，语无伦次，舌质红绛而干；热甚动风，热甚伤阴，筋失所养，亦肝风内动，故见两上肢不时拘挛抽搐，颈部强硬；暑必夹湿，湿热相合，故尿少黄赤，舌苔黄，脉象滑数。

时振声诊断为暑温夹湿之证，立即以清热

燥湿合清营开窍，气营同治。用苍术白虎汤鼻饲，清开灵（安宫牛黄丸注射液）静脉滴注。但药后症状没有改善，当晚体温上升到39.6℃，抽搐谵妄躁动加剧。为改善毒血症状，经会诊给予氢化考的松200mg加入静脉滴注液中。次日清晨患者体温降至37℃，但颈部强硬加重。在以后的4天中，患者体温甚至降到35℃，四肢厥冷，出现喷射状呕吐。第8天，患者生命垂危，呼吸开始出现断续现象，口唇及指甲发青，血尿，眼底视神经乳头水肿。经会诊考虑有脑水肿、弥漫性血管内凝血、微循环障碍，给予生脉散、川芎嗪静脉滴注，配合使用脱水剂及654-2注射液，鼻饲牛麝散以芳香开窍促使昏迷清醒。中午和下午，患者两度突然呼吸停止，旋即心跳亦停止，危在旦夕，经抢救并做气管切开接人工呼吸器，心跳才恢复。

持续用生脉饮、川芎嗪和氢化考的松等药

物治疗之后，患者神志逐渐清醒，四肢变温，手足指甲由青紫转红，出现自主呼吸。第12天患者神志完全清醒，第20天患者体温正常，第24天拔除气管插管和导尿管，出现尿潴留，经针刺五里、中极、关元、三阴交后，能自行排尿，但有尿频、尿痛、尿热感。中药改用清利下焦湿热之剂后，尿路刺激症状消失，尿检正常。第45天，患者治愈出院。患者及家属对时振声千恩万谢，不断地说是时教授给了她第二次生命。时振声只用他惯常的微微笑容作答。此后追访5年，患者健康如常人。

时振声在总结分析时说，本例患者开始有畏寒发热、头项强痛，显然为太阳病。以后但热不寒、神昏谵妄、项强，此乃属太阳病向阳明病转化，以阳明热盛为主并夹湿邪。从温病辨证为外感暑邪，骤然起病，邪热迅即内传，由卫分到营分，湿热相合，属于暑温夹湿之证。在高热的基础上出现肢厥、抽搐、神昏，此当属阳明转属厥阴热厥之证。使用激素后，体温抑制，混淆了辨证，仅见肢厥神昏，貌似寒厥，实为热厥。再从本病的全过程看，热 5 日，厥 8 日，又热 10 日，似可认为属于厥阴病。

患者用激素后，病势急转恶化，体温不升，四肢厥逆，竟至阴阳离决，最后呼吸心跳停止。暑热之邪继续深入血分，气液交脱。虽用生脉饮以冀益气固脱，但亦不能阻止病势，终至五脏衰败，阴阳离决。后经中西医合力抢救，方使患者阳回气返复生，心跳复苏，呼吸仍未恢复，一直用人工呼吸器代替自主呼吸，直至 3 天后方出现自主呼吸。前一阶段是厥而阴阳离决，后一阶段是阳回则生。那么阳回则生以后又有发热 10 天，是不是阳复过度呢？当然不是。厥阴寒厥不存在阳复过度的问题，阳回则生可愈，绝不可能阳复过度从厥阴寒厥转变为厥阴热厥。不能混淆概念，把正气的恢复与邪热的影响混为一谈。至于厥阴热厥则是邪热炽盛所致。厥阴热厥在病情发展过程中可向寒厥转化，相当于现代医学的感染性休克中暖休克和冷休克的关系，两种不同情况的形成与感染性休克的发展阶段有关。早期属暖休克，在此阶段通过泻热的方法治疗，预后较好；晚期则逐渐发展为冷休克，预后不好。厥阴热厥在转变为寒厥过程中，由原来的真热假寒，变为真热真寒，寒热夹杂。这也可能是《伤寒论》厥阴病寒热夹杂证的形成原因。真寒需要用回阳救逆，阳回则生。若阳回后出现喉痹、脓血、发痈脓，此乃真热未撤，邪热的影响，而非阳复过度。按现代医学感染性休克可能是脓血症、败血症、中毒性肺炎、中毒性肠道感染等所引起，各种疾病均有其自身发展的规律，因而继发各种不同的变证不足为怪。论治寒厥应注意的是，不能把由热厥转变的寒厥与汗吐下后亡阳的寒厥相混。前者是感染性休克所致，预后不良；后者是低血容量性休克所致，预后较好。

本案例整个病程寒热交替，虚实夹杂，跌宕起伏，险象环生，完全证明了本案的外感热病发展到厥阴病的先热厥、后寒厥、厥而阴阳离决的最危急阶段。若不是抓住病机变化，中西医全力救治，病人绝不能起死回阳复生，更不会不留后遗症。

时振声一生没有其他爱好，一心关注的就是博览群书、考究学问、治病救人。他身体力行，言传身教，教书育人，还多次应邀赴泰国、比利时、荷兰、日本、墨西哥、美国等国家和我国台湾、香港地区进行讲学和诊疗活动，深受海外同仁的欢迎和好评。

时振声一生始终坚持实事求是的原则，以严谨的治学风范而著称。他光明磊落，爱国爱民，严于律己，宽以待人，团结同志，不计私利，生活俭朴，勤勤恳恳，全心全意为患者服务，具有高尚的医德和情操。他为中医药事业的振兴与发展呕心沥血，贡献出了毕生精力。

由于他具有深厚的中医理论功底、精湛的医疗技术和丰富的临床经验，所以国内外求医者络绎不绝。每每他都热情接待，认真治疗。同时，他还长期担任国家领导人的保健任务。对求医问药的信件，他都一一作复，从不敷衍或让别人代劳。他的这种严谨学风和认真态度，无不令人钦佩。

时逸人、时振声父子两代名医，为中医事业的发展兢兢业业，呕心沥血。他们勇于探索和创新的治学精神，将永垂青史。

（撰稿人　王国柱）

《中华中医昆仑》丛书150位医家名录

（按生年排序）

张锡纯	丁甘仁	萧龙友	王朴诚	恽铁樵
曹炳章	冉雪峰	谢　观	施今墨	汪逢春
孔伯华	黄竹斋	吴佩衡	蒲辅周	陈邦贤
李翰卿	李斯炽	姚国美	陆渊雷	张泽生
时逸人	张梦侬	叶橘泉	王聘贤	陈慎吾
邹云翔	赵炳南	承淡安	余无言	刘惠民
岳美中	沈仲圭	秦伯未	赵锡武	韦文贵
程门雪	黄文东	赵心波	董廷瑶	吴考槃
章次公	石筱山	陆南山	张赞臣	李聪甫
刘绍武	陈存仁	朱仁康	陆瘦燕	姜春华
韩百灵	高仲山	李克绍	王鹏飞	刘春圃
金寿山	哈荔田	何世英	周凤梧	干祖望
关幼波	王为兰	任应秋	罗元恺	祝谌予
杨医亚	郭士魁	何时希	耿鉴庭	俞慎初

裘沛然	顾伯华	江育仁	邓铁涛	门纯德
刘渡舟	尚天裕	朱良春	李玉奇	程士德
尚志钧	赵绍琴	董建华	米伯让	李辅仁
张珍玉	班秀文	颜正华	于己百	颜德馨
路志正	方药中	王乐匋	黄星垣	谢海洲
余桂清	何　任	王子瑜	程莘农	陈彤云
焦树德	张作舟	张　琪	李寿山	张镜人
王绵之	方和谦	印会河	王玉川	蔡小荪
李振华	马继兴	王嘉麟	宋祚民	刘弼臣
王雪苔	刘志明	吴咸中	李今庸	任继学
裴学义	王宝恩	周霭祥	贺普仁	唐由之
赵冠英	许润三	金世元	陆广莘	刘柏龄
徐景藩	吉良晨	吴定寰	沈自尹	王孝涛
张灿玾	周仲瑛	强巴赤列	张代钊	李经纬
郭维淮	柴松岩	苏荣扎布	陈可冀	李济仁
夏桂成	郭子光	巴黑·玉素甫	张学文	陈介甫